サカタフルーツパーラー

フルーツを楽しむ56のレシピ

坂田阿希子

いらっしゃいませ。

サカタフルーツパーラーへようこそ。

当店では、季節の果物をいちばんおいしく味わえる、
そしてわたしの思い出がいっぱい詰まった
果物メニューを56種類ご用意しております。

母がよく作ってくれた果物のジュース、
南フランスを旅したときにおばあちゃんが教えてくれたジャム、
学生の頃に通いつめたお気に入りのお店のホットケーキ。
そして夏になると母の実家から送られてきたスイカで作るかき氷、
おこずかいをもらったその日に行って食べたパーラーのメロンのパフェ。
はたまた、大学の卒業旅行で訪れた
イギリスの思い出のレモンカードのケーキ、
修業時代にレストランで作ったサクランボのコンポートとジュビリー。

ここにご用意したメニューすべてにさまざまな思い出があります。

季節が巡る度に、繰り返し思い出される果物のデザート。
ひとつひとつ、レシピにして皆様にお届けします。

皆様の果物の思い出もご一緒に。
どうぞごゆっくりとお楽しみください。

Fruits Parlor
Sakata

Menu

この本の使い方
● 小さじ1は5mℓ、大さじ1は15mℓです。
● ごく少量の調味料の分量は「少々」または「ひとつまみ」としています。
「少々」は親指と人差し指でつまんだ分量で、「ひとつまみ」は親指と人差し指と中指の3本でつまんだ分量になります。
● 「適量」はちょうどよい分量、「適宜」は好みで入れなくてもよいということです。
● オーブンは機種によって温度、加熱時間、焼き上がりが異なります。記載している時間を目安にして、様子を見ながら焼いてください。

本書で使用している
「基本のガムシロップ」の作り方

● 材材料（作りやすい分量）
グラニュー糖………120g
水………100mℓ
● 作り方
鍋にグラニュー糖と水を入れて火にかける。グラニュー糖が溶けたら火を止め、冷ましておく。

いちごジュース（P.73）

いちごミルク（P.73）

いちごのサンドイッチ（P.74）

いちごのババロア（p.□□）

いちごジャム（P.74）

いちごジャムサンド（P.75）

バナナセーキ（p.76）

バナナのサンドイッチ（p.76）

フルーツサンドイッチ（P.77）

ミックスジュース（p.77）

グリルハムサンドイッチ (P.78)　　　　　　　　　　パイナップルジュース (P.78)

オレンジジュース (P.78)

たまごのサンドイッチ (P.78)

オレンジゼリー（P.79）

レモンゼリー（P.80）

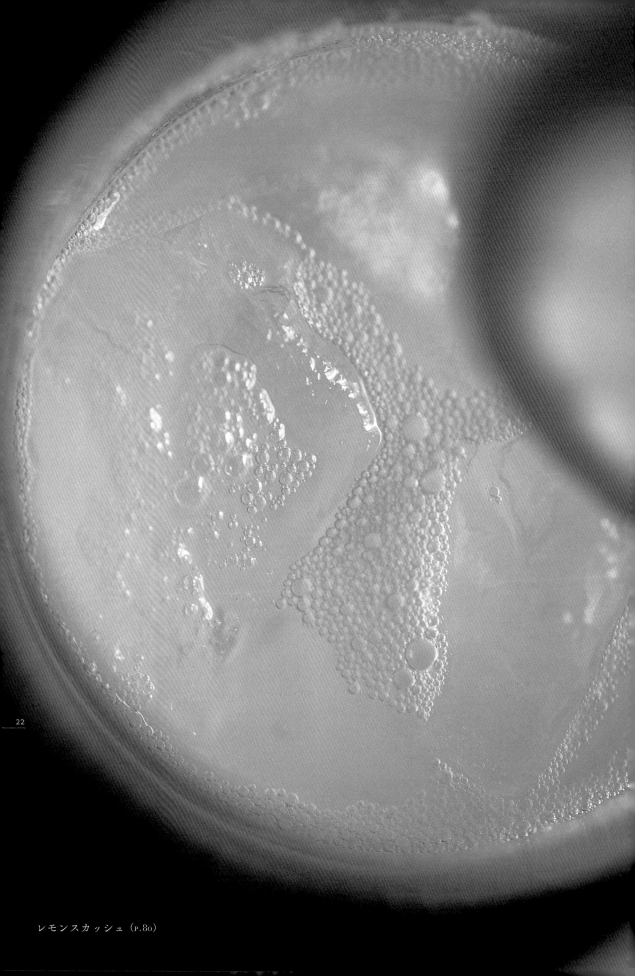

レモンスカッシュ（P.80）

クリームソーダ（p.81）

24

メロンジュース（p.81）

半割りメロンの
バニラアイス (P.81)

メロンシャーベット （p.81）

桃のコンポート（p.82）

ベリーニ（P.82）

スイカのグラニテ (p.83)

スイカのカクテル (p.83)

あんずのコンポート（p.84）

あんずジャム（p.84）

33

あんずのかき氷（p.85）

いちごあずきのかき氷 (p.85)

南国のフルーツポンチ（p.86）

フルーツポンチ（p.86）

アメリカンチェリーとブラックベリーのゼリー（p.87）

アメリカンチェリーのコンポート（P.87）

チェリージュビリー（p.87）

46

キャラメルバナナアイスクリーム（p.88）

バニラアイスクリーム (p.88)

桃のパフェ（p.8g）

メロンのパフェ（p.89）

バナナキャラメルパフェ（P.89）

カスタードプリン（p.90）

プリンアラモード（P.90）

54

グレープフルーツアイスティー（p.91）

ホットケーキ（p.91）

いちじくのコンポート（p.92）

いちじくソーダ（r.92）

フルーツグラタン（P.92）

リリコイバター（p.93）

レモンカード（p.93）

グレープフルーツバター（p.93）

ヴィクトリアケーキ（p.94）

レモンカスタードサンドイッチ (P.95)

フルーツティー (P.95)

66

フルーツタルト（P.96）

バナナタルト（p.97）

焼きりんご（p.97）

タルトタタン（p.98）

いちごジュース (p.8)

いちごをたっぷり使ってジュースに。
甘い香りと、爽やかな酸味が
口いっぱいに広がります。

●材料（2人分）
いちご……12〜15個
氷……100g
水……50mℓ
上白糖……大さじ2

●作り方
1 いちごはヘタを取り、半分〜
　4等分に切る。
2 氷、水、上白糖とともにミキ
　サーに入れてしっかりと攪拌
　し（写真）、グラスに注ぐ。

いちごミルク (p.9)

どこか懐かしく、やさしい味。
いちごと牛乳にレモンの酸味を加えて
少しキリリとしたアクセントを。

●材料（2人分）
いちご……8個
レモンの果汁……少々
氷……100g
牛乳……100mℓ
上白糖……大さじ2〜3
いちご（飾り用）……2個

●作り方
1 いちごはヘタを取り、半分〜4等分に切る。
2 ミキサーにいちご、レモンの果汁を入れて
　軽く攪拌し、氷、牛乳、上白糖を加えてし
　っかりと攪拌する。
3 グラスに注ぎ、縁に飾り用のいちごを飾る。

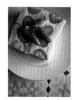

いちごのサンドイッチ (p.10)

真っ赤ないちごを丸ごと挟んだ贅沢サンド。
ヨーグルトを加えた生クリームが
いちごの甘みをさらに引き立てます。

●材料（作りやすい分量）

いちご（あまおうなどの果肉が赤いもの）………12個
食パン（8枚切り）………4枚
生クリーム………150mℓ
グラニュー糖………大さじ2
プレーンヨーグルト（1時間ほど水きりしたもの）………大さじ2
いちご（飾り用）………適量

●作り方

1 ボウルに生クリーム、グラニュー糖を入れる。氷水に当てながら泡立て器ですくうと、ゆるゆると流れ落ちる状態まで泡立て、水きりしたヨーグルトを加えてさらにツノがピンと立つまで泡立てる。

2 食パンを並べ、2枚に1のホイップクリームを塗る（a）。いちごのヘタを取り、切り口の向きを揃えて丸ごとのまま6個並べる（b）。上からたっぷりとホイップクリームをのせ、いちごのすき間を埋めるようにしながら表面をならす（c）。

3 残りの食パンをのせて上から軽く押さえる（d）。ラップでしっかりと包み（e）、冷蔵庫で30分ほど落ち着かせる。

4 温めた包丁で耳を切り落として好みの形に切り分ける（f）。皿に盛りつけ、飾り用のいちごをのせる。

いちごジャム (p12)

路地もののいちごが手に入ったら、ぜひジャムに。
手作りならではの甘い香りが楽しめます。

●材料（作りやすい分量）

いちご………300g
グラニュー糖………200g
レモンの果汁………大さじ1
ローズウォーター………適宜

●作り方

1 いちごはヘタを取り、鍋（酸に強いホーローやステンレス鍋）に入れる。グラニュー糖半量を加えて全体にまぶし、30分ほど置く。

2 グラニュー糖が溶けて水分が出てきたら強めの中火にかけ、沸騰したらアクを取り除く。

3 弱めの中火にしてときどき混ぜながら、10分ほど煮詰める。ペーパータオルで落とし蓋をして、

さらに蓋をしてそのままひと晩置く。

4 再度火にかけ、残りのグラニュー糖を加えて好みの濃度に煮詰める。濃度はジャム少量をバッドに取って薄くのばし、冷蔵庫に入れてかたさを見る。

5 レモンの果汁、あればローズウォーター小さじ1を加えて煮立て、熱いうちに煮沸消毒した瓶に詰める。蓋をしっかりと締めて逆さにして冷ます。

いちごのババロア (p.11)

フルフルとやわらかく、やさしい口溶け。
いちごが香るピンク色のババロアです。

●材料（直径 15cm ×高さ 5cm のババロア型・1 台分）

いちご……350g
レモンの果汁……大さじ 1
板ゼラチン……12g
牛乳……230mℓ
グラニュー糖……120g
キルシュ……小さじ 2
生クリーム……150mℓ
いちご（飾り用）……適量
ホイップクリーム……適量

●作り方

1 板ゼラチンはたっぷりの冷水につけてふやかしておく（a）。いちごはヘタを取り、レモンの果汁とともにミキサーに入れてピュレ状に攪拌する。

2 鍋に牛乳、グラニュー糖を入れ、沸騰直前まで温めて火から下ろし、水気を絞ったゼラチンを加えて余熱で溶かす。氷水に当て、とろりとするまで粗熱を取る。

3 1のいちごのピュレを加えてとろみがつくまで混ぜながら冷やし、キルシュを加える。

4 別のボウルに生クリームを入れ、氷水に当てながら泡立て器ですくうと、ゆるゆると流れ落ちる状態まで泡立てる。3の半量をボウルに加えてざっと混ぜ（b）、残りも加えてよく混ぜる。

5 内側を水で濡らした型に流し入れ、冷蔵庫で2時間以上冷やしかためる。

6 型を熱湯にさっとつけて、皿に取り出す。飾り用のいちご、ホイップクリームを飾る。

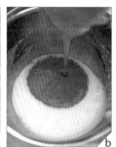

いちごジャムサンド (p13)

いちごジャムをたっぷり挟んだサンドは
アフタヌーンティーのおともに。

●材料（直径6cm のセルクル型・10 個分）

いちごジャム……200g
食パン（10 枚切り）……10 枚
バター（無塩）……適量
いちご（飾り用）……適量

●作り方

1 食パンを並べ、片面にバターを薄く塗り、5 枚にいちごジャムをたっぷりと塗り重ねる。残りの食パンをのせて上から軽く押さえる。

2 ラップでしっかりと包み、冷蔵庫で 30 分ほど落ち着かせる。セルクルで丸く抜き、皿に盛りつけて飾り用のいちごを添える。

バナナセーキ (p.14)

バナナにはきび砂糖の濃厚な甘みを合わせ、
とろりとしたバナナセーキに仕上げます。

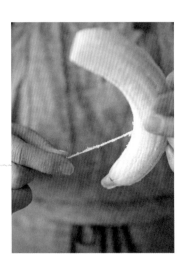

●材料（2人分）

バナナ……1本
卵黄……1個
牛乳……200mℓ
きび砂糖……大さじ3
氷……適宜
バナナ（飾り用）……適量

●作り方

1 バナナは皮をむき、筋を取る（写真）。
2 材料をミキサーに入れ、しっかりと
　撹拌する。
3 グラスに注ぎ、縁に飾り用のバナナ
　を飾る。

バナナのサンドイッチ (p.15)

ラム酒とバナナは好相性の組み合わせ。
甘いバナナをたっぷり挟んで。

●材料（作りやすい分量）

バナナ……2本
レモンの果汁……小さじ1
食パン（8枚切り）……4枚
生クリーム……200mℓ
きび砂糖……大さじ2と1/2
ラム酒……小さじ2

●作り方

1 ボウルに生クリーム、きび砂糖を入れ、氷水に当てながら泡立て器で
　すくうと、ゆるゆると流れ落ちる状態まで泡立て、ラム酒を加えて混
　ぜる。
2 バナナは皮をむいて筋を取る。レモンの果汁をふり（a）、食パンの長
　さに揃えて切る。
3 食パンを並べ、2枚に1のホイップクリームを塗り、バナナを並べる
　（b）。上からたっぷりとホイップクリームをのせ、バナナのすき間を
　埋めるようにしながら表面をならす。
4 残りの食パンをのせて上から軽く押さえる。ラップでしっかりと包み、
　冷蔵庫で30分ほど落ち着かせる。
5 温めた包丁で耳を切り落として好みの形に切り分け、皿に盛りつける。

a

b

フルーツサンドイッチ (p.16)

人気のフルーツを合わせたミックスサンド。
好みの旬のフルーツを組み合わせても。

●材料（作りやすい分量）

マスクメロン……1/8個
黄桃（缶詰）……1/2割を2〜3個
いちご……5〜6個
バナナ……1本
食パン（サンドイッチ用）……6枚
生クリーム……200mℓ
グラニュー糖……大さじ3

●作り方

1 メロンは皮をむき、1cm幅に切る。黄桃は水気をペーパータオルでふき取り、1cm幅に切る。いちごはヘタを取り、縦半分に切る。バナナは筋を取り、斜め1cm幅に切る（a）。

2 ボウルに生クリーム、グラニュー糖を入れる。氷水に当てながら泡立て器ですくうと、ツノが立つ状態まで泡立てる。

3 食パンを並べ、3枚に2のホイップクリームを塗ってフルーツを並べる（b）。各フルーツがきれいに見える切り口になるようにのせる。

4 上からホイップクリームをたっぷりとのせ、フルーツのすき間を埋めるようにしながら表面をならす。

5 残りの食パンをのせて上から軽く押さえる。ラップでしっかりと包み、冷蔵庫で30分ほど落ち着かせる。

6 温めた包丁で耳を切り落として切り、皿に盛りつける。

ミックスジュース (p.17)

フルーツの香りが詰まったミックスジュース。
いつでもみんなに愛される味です。

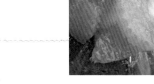

●材料（2人分）

オレンジ……小1個
バナナ……1本
りんご……1/4個
黄桃（缶詰）
……1/2割を1個

上白糖……大さじ2〜3
レモンの果汁……小さじ1
水……100mℓ
氷……適宜

●作り方

1 オレンジは皮と薄皮を取り、バナナ、りんごは皮をむいてくし形切りにする。

2 1のフルーツ、黄桃をミキサーに入れる（写真）。上白糖、レモンの果汁、水、好みで氷を加えてしっかりと撹拌し、グラスに注ぐ。

パイナップル ジュース (p.18)

ひと手間かけたパーラーのジュース。
澄んだ黄色はのどごしも爽やか。

●材料（2人分）

パイナップル……1/4個（正味360g）

ココナッツウオーター……350mℓ

氷……200g

ガムシロップ（→p.6）……大さじ1〜2

パイナップル（飾り用）……適量

●作り方

1 パイナップルは皮をむいて3cm角程度に切る。

2 ココナッツウォーター、氷とともにミキサーに入れ、しっかりと撹拌する。

3 味を見て、ガムシロップを加えてさらに撹拌する。

4 一度漉して繊維を取り除き、ガラスに注いで縁に飾り用のパイナップルを飾る。

グリルハムサンドイッチ (p.18)

厚切りハムをシンプルに挟んだサンド。
パイナップルジュースと合わせてどうぞ。

●材料（作りやすい分量）

ロースハム（1cm厚さ）……2枚

食パン（8枚切り）……4枚

からしバター（たまごのサンドイッチ参照）……大さじ2

マヨネーズ……大さじ2

オリーブオイル、塩、胡椒……各適量

レモン……適量

●作り方

1 食パンは耳を切り落として2枚を重ね、軽くトーストして片面にからしバター、マヨネーズを塗る。

2 フライパンにオリーブオイルを熱し、ロースハムをソテーする。両面をこんがりと焼いて軽く塩、胡椒をふる。

3 1のパンにローストしたハムを挟んでなじませ、切り分ける。皿に盛りつけてレモンを添える。

オレンジ ジュース (p.19)

搾り立てならではの格別のおいしさ。
甘酸っぱい香りが心も潤してくれます。

●材料（2人分）

オレンジ……6個

オレンジ（飾り用）……適量

●作り方

1 オレンジは冷蔵庫でしっかりと冷やしておく。半分に切って果汁を搾る。

2 グラスに注ぎ、縁に飾り用のオレンジを飾る。

たまごのサンドイッチ (p.19)

オレンジジュースとたまごサンドで
優雅なパーラータイムを。

●材料（作りやすい分量）

ゆで卵……4個

スイートピクルス……40g

食パン（10枚切り）……白、ライ麦各4枚

からしバター*……大さじ4

マヨネーズ……大さじ6

塩、胡椒……各適量

パセリ……適宜

●作り方

1 食パンの片面にからしバターを塗る。

2 ゆで卵は白身と黄身に分ける。白身とスイートピクルスは細かくみじん切りにし、それぞれをペーパータオルに包んで水気を絞る。黄身はスプーンの背でつぶす。

3 2をボウルに合わせ、マヨネーズ、塩、胡椒を加えて混ぜる。食パン4枚に耳の端まで等分にのせ、残りの食パンをのせて上から軽く押さえる。ラップでしっかりと包み、冷蔵庫で10分ほど落ち着かせる。

4 温めた包丁で耳を切り落として好みの形に切り分け、皿に盛りつけて好みでパセリを飾る。

＊室温に戻した有塩バター40gに対してマスタード小さじ1の割合で混ぜる。マスタードはイギリスのコールマンを使用。なければ和からしでも。その場合は辛さを少し調整する。

オレンジゼリー (p.20)

オレンジの器でいただくゼリーはおもてなしにも。
オレンジ果汁を搾っていただくと、さらに香り豊かです。

●材料（5個分）

オレンジ……5個　　　　　板ゼラチン……10.5g
グラニュー糖……140g　　　コアントロー（またはオレンジキュラソー）
水……100mℓ　　　　　　　……小さじ1

●作り方

1 板ゼラチンはたっぷりの冷水につけてふやかす。

2 オレンジはヘタを1/3のところで切り落とし、下部も座りがよいように少し
　切り落とす（a）。皮と果肉の間にナイフを入れ、スプーンで果肉をくり抜く
　（b）。皮に残った薄皮などもきれいに取り除き、カップにする（c）。

3 2の果肉は漉し器などに入れ、スプーンの背などでつぶしながら果汁を搾る。
　400mℓに足りない場合は水を足す。

4 鍋にグラニュー糖と水を入れて火にかけ、グラニュー糖が溶けたら火から下ろ
　し、水気を絞ったゼラチンを加えて余熱で溶かす。氷水に当てながら冷やし、
　粗熱が取れたら3の果汁、コアントローを加えて混ぜる。とろみがついたら、
　オレンジの器に流し入れる。しっかりとろみをつけることで、でき上がりのゼ
　リーが沈まない。

5 バッドにアルミホイルを敷いて4のカップを固定させる。ヘタをのせて蓋をし、
　冷蔵庫で1〜2時間冷やしかためる。好みでヘタの果汁を搾っていただく。

レモンゼリー (p.21)

レモンの酸味を閉じ込めたゼリー。
つるんとしたのどごしが
夏にぴったりのデザートです。

レモンスカッシュ (p.22)

ガムシロップで好みの甘さに。
氷でキンキンに冷やしてどうぞ。

●材料（5個分）

レモン……5個	水……160㎖
グラニュー糖……100g	板ゼラチン……7g
白ワイン……50㎖	

●作り方

1 板ゼラチンはたっぷりの冷水につけてふやかす
2 レモンは縦に1/3のところで切り落とし（写真）、
  その反対側も座りがよいように少し切り落とす。
  皮と果肉の間にナイフを入れ、スプーンで果肉を
  くり抜く。皮に残った薄皮などもきれいに取り除
  き、カップにする。
3 2の果肉は漉し器などに入れ、スプーンの背など
  でつぶしながら果汁を搾る。120㎖に足りない場
  合は水を足す。
4 鍋にグラニュー糖、白ワイン、水を入れて火にか
  け、沸騰させてアルコールを飛ばす。グラニュー
  糖が溶けたら火から下ろし、水気を絞ったゼラチ
  ンを加えて余熱で溶かす。氷水に当てながら冷や
  し、粗熱が取れたら3の果汁を加えて混ぜる。と
  ろみがついたら、レモンの器に流し入れる。しっ
  かりとろみをつけることで、でき上がりのゼリー
  が沈まない。
5 バッドにアルミホイルを敷いて4のカップを固定
  させ、冷蔵庫で1〜9時間冷やしかためる。

●材料（2人分）

レモン……1〜2個	氷、炭酸水、レモン
ガムシロップ（→p.6）	（飾り用）……各適量
……大さじ2	

●作り方

1 レモンは半分に切り、果汁を搾る。
2 グラスに1のレモンの果汁50㎖、ガムシロップ、
  氷を入れる。炭酸水を注ぎ、縁に飾り用のレモン
  を飾る。

クリームソーダ (p.24)

メロンの果肉で作るクリームソーダ。
甘い香りにバニラのクリーミーな
おいしさが重なります。

●材料（2人分）
メロンのピュレ（作りやすい分量）
　メロン（マスクメロンなど）……1/4個
　グラニュー糖……30g
　コアントロー……少々
バニラアイスクリーム（→p.88）……適量
氷、炭酸水、ガムシロップ（→p.6）……各適量

●作り方
1 メロンのピュレを作る。メロンは皮をむいて種を
　取り、2～3cm角に切る。グラニュー糖、コア
　ントローとともにミキサー入れ、しっかりと撹拌
　する。
2 グラスに1を大さじ2～3、氷を入れ、炭酸水を
　注ぐ。味を見て、ガムシロップを加えて混ぜ、バ
　ニラアイスクリームをのせる。

半割リメロンの
バニラアイス (p.26)

仕上げにお酒をひとふりするだけで
大人なフルーツデザートに。

●材材料（2人分）
メロン（マスクメロンなど）……1個
バニラアイスクリーム（→p.88）……適量
レモン……適量
ポートワイン（マディラ酒など）……適宜

●作り方
1 メロンは冷蔵庫でしっかりと冷やしておく。半分
　に切って種を取る。
2 皿にのせてバニラアイスクリームを盛りつける。
　レモンを添え、好みでポートワインをかける。

メロンジュース (p.25)

好みの色のメロンを使えば、
楽しげなメロンジュースが作れます。
好みで牛乳を少し加えても。

●材料（2人分）
好みのメロン……1/4個　　　氷……150g
レモンの果汁……少々　　　水……150mℓ
上白糖……大さじ2

●作り方
1 メロンは皮をむいて種を取り、ひと口大に切る。
2 レモンの果汁、上白糖、氷、水とともにミキサー
　入れてしっかりと撹拌し、グラスに注ぐ。

メロン
シャーベット (p.27)

ほんのりグリーン色がきれい。
メロンの香りと甘さを味わえます。

●材料（作りやすい分量）
メロン（マスクメロンなど）……260g（正味）
グラニュー糖……80g
水……100mℓ
マデラ酒（またはポルト酒）……大さじ1
ミントの葉……適宜

●作り方
1 メロンは皮をむいて種を取り、2～3cm幅に切
　る。冷凍用保存袋に入れ、冷凍庫でひと晩しっか
　りと凍らせる。
2 鍋にグラニュー糖、水を入れて火にかけ、沸騰し
　たら火を止めてマデラ酒を加えて冷ましておく。
3 凍ったメロンをフードプロセッサーに入れ、2の
　シロップを少しずつ加えながらなめらかになるま
　で撹拌する。
4 グラスに盛りつけ、好みでミントの葉を飾る。

桃のコンポート (p.28)

むいた皮と一緒に煮ると、色鮮やかな桃色に。
ミントの清涼感が甘い桃と好相性です。

● 材料（作りやすい分量）

白桃……5〜6個　　グラニュー糖……250g

白ワイン……500mℓ　　ミントの葉……適量

水……500mℓ

● 作り方

1 桃は軽く洗って割れ目に少しだけ切り込みを入れ (a)、沸騰させた湯に5秒ほどくぐらせる。氷水に取り (b)、皮をつまんでつるんときれいに皮をむく (c)。皮は取っておく。

2 鍋に白ワイン、水、グラニュー糖、むいた桃の皮を入れて火にかける。沸騰してアクが出てきたら取り除き、桃を加える。

3 ペーパータオルで落とし蓋をし、弱火で20〜30分やさしく煮る。そのまま粗熱を取り、冷蔵庫でしっかりと冷やす。

4 皿に桃をのせてシロップをかけ、たっぷりとミントの葉を添える。

ベリーニ (p.29)

桃のコンポートを使ってベリーニを。
桃の香りと色が楽しめる、
夏の夕方にぴったりなフルーツカクテルです。

● 材料（2人分）

桃のコンポート……1/2個分

桃のコンポートのシロップ……適量

シャンパン……150mℓ

● 作り方

1 桃のコンポートはミキサーでなめらかになるまで撹拌する。

2 グラスに1のピュレ、桃のコンポートのシロップを入れ、冷やしたシャンパンを注ぐ。

スイカのグラニテ (p.30)

コンデンスミルクで甘みをプラス。
手軽に作れて夏にぴったりな
スイカのデザートです。

● 材料（作りやすい分量）

スイカ……大 1/6 個（正味 600g）
ガムシロップ（→ p.6）……適量
コンデンスミルク……適宜

● 作り方

1 スイカはできるだけ種を取り、果肉をおおぶりに
　切ってミキサーに入れ、しっかりと攪拌する。そ
　の後粗めのザルで漉し、細かい種を取り除く。
2 1にガムシロップを加えて好みの甘さに調え、バ
　ッドに流し入れて冷凍庫で凍らせる。途中 1 時間
　ほどしたら全体を大きく混ぜ、さらに 1 〜 2 時間
　凍らせる。
3 グラスに盛りつけ、好みでコンデンスミルクをた
　っぷりとかける。

スイカのカクテル (p.31)

グラスの縁につけた塩で、
スイカの甘みがぐっと引き立ちます。

● 材料（2 人分）

スイカの果汁……適量
ウオッカ（またはジン）……適量
氷、ガムシロップ（→ p.6）、
粗塩、スイカ（飾り用）……各適量

● 作り方

1 グラスの縁にスイカをさっとすりつけ、逆さにし
　て粗塩をつける。
2 氷を入れ、スイカの果汁とウオッカを 1：1、また
　は 2：1 の割合で加えてガムシロップで味を調え
　る。さっとステアしてグラスの縁に飾り用のスイ
　カを飾る。

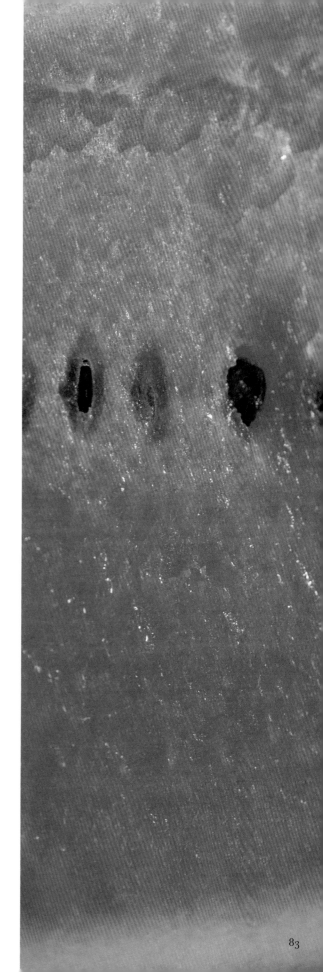

あんずのコンポート (p.32)

瑞々しいあんずを閉じ込めたコンポート。
甘酸っぱい香りはヨーグルトやアイスに添えても。

● 材料（作りやすい分量）

あんず……800g　　　　バニラビーンズ……1本
グラニュー糖……400g　　レモンの果汁……1/2個分

● 作り方

1 あんずは半分に切って種を取る（a）。切り口を上にしてバッドに並べ、グラニュー糖半量をふり、ラップをかけて冷蔵庫で最低1時間〜ひと晩置く。

2 出てきた水分（b）を鍋（酸に強いホーローやステンレス鍋）に移し、水320㎖、残りのグラニュー糖、バニラビーンズを加えて火にかける。グラニュー糖が溶けたらあんず、レモンの果汁を加え、ペーパータオルで落とし蓋をして、弱火で7〜10分煮る。そのまま粗熱を取り、保存容器や瓶などに移して冷蔵庫で保存する。

あんずジャム (p.33)

夏の香りたっぷりの果肉をそのままジャムに。
杏仁を加えることで、さらに香りよく仕上がります。

● 材料（作りやすい分量）

あんず……1.4kg
グラニュー糖……800g
レモンの果汁……少々

● 作り方

1 あんずは皮を丁寧に洗う。成り口を取り除いて水気をふき、半分に切って種を取る。種は取っておく。

2 種はくるみ割り器などを使って殻を割り（a）、中の杏仁を取り出す。熱湯でさっと茹でてから薄皮をむく（b）。

3 鍋（酸に強いホーローやステンレス鍋）にあんずとグラニュー糖半量を入れて全体にグラニュー糖がいくようにざっと混ぜ、1時間ほど置く。

4 あんずとグラニュー糖がなじんだら最初は強めの中火にかけ、沸騰させる。その後弱めの中火にし、ときどき混ぜてあんずの果肉を崩すように混ぜる（c）。

5 20分ほど煮て、全体にあんずが崩れてきたら、レモンの果汁を加え、火を止めてそのまま1〜2時間、できたらひと晩休ませる。

6 再度火にかけ、残りのグラニュー糖を加えて好みの濃度に煮詰める。濃度はジャムを少量バッドに取って薄くのばし、冷蔵庫に入れてかたさを見る。

7 2の杏仁を加え（d）、さっと煮立てて火を止める。熱いうちに煮沸消毒した瓶に詰め、蓋をしっかりと締めて逆さにして冷ます。数日、1週間、1か月と杏仁の香りがどんどん全体になじんでさらにおいしくなる。

あんずのかき氷 (p.34)

フワフワの氷にあんずのピュレと杏仁シロップをたっぷりと。
濃厚なあんずを味わえる至福の夏のデザートです。

● 材料（作りやすい分量）

あんずコンポート……400g
干しあんずのコンポート
　干しあんず……100g
　グラニュー糖……80g
　八角……1個
　水……適量
杏仁シロップ
　杏仁霜……30g
　グラニュー糖……80g
　熱湯……100mℓ
氷……適量

● 作り方

1 あんずのコンポートはシロップごとミキサーに入れ、ピュレ状になるまでしっかりと攪拌する。

2 干しあんずのコンポートを作る。干しあんずは水につけて浮いてきた汚れを取り除く。グラニュー糖、八角、水とともに鍋に入れて火にかけ、沸騰したら弱火にして20〜30分煮る。

3 杏仁シロップを作る。すべての材料をボウルに合わせ、グラニュー糖が溶けるまでしっかりと混ぜる。

4 器に1のあんずのピュレ大さじ3を入れ、氷を削って高く盛る。杏仁シロップを回しかけ、さらに山盛りになるまで氷を削りながらのせる。あんずのピュレと杏仁シロップをたっぷりと回しかけ、干しあんずのコンポートをのせる。

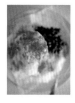

いちごあずきのかき氷 (p.36)

甘酸っぱいいちごのピュレにあずき、
コンデンスミルクをたっぷりかけていただきます。

● 材料（作りやすい分量）

いちご……200g
グラニュー糖……100g
レモンの果汁……少々
コンデンスミルク……適量
ガムシロップ（→p.6）……適量
ゆであずき（缶詰）……適量
氷……適量

● 作り方

1 いちごはグラニュー糖、レモンの果汁とともにミキサーに入れ、ピュレ状になるまでしっかりと攪拌する。

2 器に1のいちごのピュレ大さじ2〜3を入れ、削った氷をたっぷり山盛りに盛る。いちごピュレ、コンデンスミルク、ガムシロップをたっぷりと回しかけ、ゆであずきをのせる。

南国のフルーツポンチ (p.40)

このシロップの分量さえマスターすれば、好みのフルーツでポンチが作れます。
パッションフルーツが香る、夏にぴったりの一品。

●材料（作りやすい分量）

パイナップル……1/4個
ライチ……12～15個
アップルマンゴー……1個
パッションフルーツ……2個
シロップ
　水……300㎖
　グラニュー糖……100g
　レモンの果汁……少々
　ラム酒……適宜

●作り方

1 シロップを作る。ラム酒以外の材料をすべて鍋に入れて煮立て、火を止める。好みでラム酒小さじ1～2を加え、冷蔵庫で冷やしておく。

2 パイナップルは皮をむいて2～3cm幅に切る。ライチは皮をむく。アップルマンゴーは半分に切って種を取り、皮をむいて食べやすい大きさに切る。パッションフルーツは半分に切り、スプーンで果肉を取り出す（写真）。

3 ボウルにすべてのフルーツとシロップを入れ、冷蔵庫で1時間ほど冷やす。

フルーツポンチ (p.41)

色とりどりのフルーツを合わせたフルーツポンチ。
グレープフルーツの香りと酸味がアクセントになります。

●材料（作りやすい分量）

メロン（赤・青）……各1/2個
バナナ……3本
いちじく……3個
パイナップル……1/4個
グレープフルーツ……2個
りんご……1/2個
サクランボ（佐藤錦など）……15～20個
シロップ
　水……300㎖
　グラニュー糖……100g
　レモンの果汁……少々
　リキュール（キルシュなど）……少々

●作り方

1 シロップを作る。すべての材料を鍋に入れて煮立て、冷蔵庫で冷やしておく。

2 メロンは丸くくり抜く（a）。バナナは筋を取り、1cm幅の輪切りにする。いちじくは皮をむいてひと口大に切る。パイナップルは皮をむいて1cm幅に切る。グレープフルーツは薄皮と果肉の間にナイフを入れて切り分け、かたい芯の部分を切り落とす（b）。りんごは皮つきのまま1cm幅のいちょう切りにする。

3 ボウルにすべてのフルーツとシロップを入れ、冷蔵庫で1時間ほど冷やす。

a

b

アメリカンチェリーと
ブラックベリーのゼリー (p42)

真紅の果肉と透明なゼリーが美しいテリーヌゼリー。
フルーツの色を合わせて作ると、また楽しくなります。

●材料（18×9×高さ8cmのパウンド型・1台分）
アメリカンチェリー……35〜40個
ブラックベリー……30粒
板ゼラチン……20g
白ワイン……200mℓ
水……500mℓ
グラニュー糖……200g
レモンの果汁……1個分
キルシュ……少々
バニラアイスクリーム（→p.88）
……適宜

●作り方

1 板ゼラチンはたっぷりの冷水につけてふやかしておく。

2 アメリカンチェリーとブラックベリーは洗い、しっかりと水気を
ふく。アメリカンチェリーは半分に切って種を取る (a)。

3 鍋に白ワイン、水、グラニュー糖を入れて火にかけ、グラニュー
糖が溶けたら火から下ろし、水気を絞ったゼラチンを加えて余熱
で溶かす。

4 氷水に当てながら混ぜ、しっかりととろみがつくまで冷やしたら
レモンの果汁とキルシュを加えて混ぜる。

5 水で濡らした型に4のゼリー液を5mm高さほど流し入れ、氷水
につけてかためる。かたまったらチェリーとベリーを型の底に並
べ、フルーツが浸るまでゼリー液を再び流し入れる。

6 冷蔵庫に30分ほど入れ、再度かためる。かたまったら残り半量
程度のチェリーとベリーを底、側面に並べる。ゼリー液をフル
ーツが浸るまで流し入れ (b)、さらに30分ほど冷蔵庫でかためる。
残りも同様にし、冷蔵庫で1時間ほど冷やしかためる。

7 かたまったら、型を熱湯にさっとつけて皿に移して切り分ける。
好みでバニラアイスクリームを添える。

アメリカンチェリーの
コンポート (p44)

甘い果肉をコンポートに閉じ込めて。
好みのチェリーで作ってみても。

●材料（作りやすい分量）
アメリカンチェリー……1kg　　レモンの果汁……小さじ2
グラニュー糖……200g　　キルシュ……少々

●作り方

1 アメリカンチェリーはさっと洗って枝と種を取る。

2 ボウルに1のアメリカンチェリーとグラニュー糖
を入れて1時間ほど置く。

3 鍋に移し、レモンの果汁とキルシュを加える。中
火にかけて沸騰したら弱火にし、5分ほど煮る。

4 そのまま粗熱を取り、保存容器や瓶などに移して
冷蔵庫で保存する。

チェリー
ジュビリー (p.45)

アメリカンチェリーのコンポートを
さらに濃厚に仕上げます。

●材料（作りやすい分量）
アメリカンチェリーの　　バニラビーンズ……1/2本
コンポート……200g　　キルシュ……少々
赤ワイン……100mℓ　　バニラアイスクリーム
グラニュー糖……60g　　（→p8）……適量

●作り方

1 鍋に赤ワイン、グラニュー糖、バニラビーンズを
入れて中火にかける。沸騰してアルコールが飛ん
だら、水気が2/3量になるまで弱火で煮詰め、
チェリーのコンポートとキルシュを加えて混ぜる。

2 器にバニラアイスクリームを盛りつけ、熱々の1
をかける。

バニラアイスクリーム (p.47)

バニラビーンズを加えて作る自家製のバニラアイス。
旬のフルーツに添えるだけでリッチなひと皿に。

●材料（作りやすい分量）
牛乳……500㎖
生クリーム……100㎖
バニラビーンズ……1/2本
卵黄……5個
グラニュー糖……100g

●作り方

1 鍋に牛乳、生クリーム、中身だけをしごいたバニラビーンズを入れて沸騰直前まで温める。

2 ボウルに卵黄とグラニュー糖を入れ、もったりとするまですり混ぜ（a）、1を加えて混ぜる（b）。

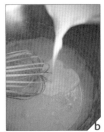

3 鍋に戻し入れて中火にかけ、混ぜながらとろりとするまで加熱する。すぐに氷水に当て、混ぜながら温度を下げる（c）。

4 バットに流し入れ、冷凍庫で2時間ほど冷やしたらスプーンで全体をかき混ぜる。さらに1時間ごとに2〜3回繰り返す。または一度しっかりと凍らせてからフードプロセッサーにかけると、なめらかに仕上がる。

キャラメルバナナアイスクリーム (p.46)

キャラメルの香りをしっかりと牛乳に移すことがコツ。
バナナの甘い香りが加わって、濃厚な味わいになります。

●材料（作りやすい分量）
牛乳……400㎖
生クリーム……100㎖
バニラビーンズ……1/2本
キャラメル
　グラニュー糖……60g
　水……大さじ1
バナナ……1本
卵黄……5個
きび砂糖……80g

●作り方

1 鍋に牛乳、生クリーム、中身だけをしごいたバニラビーンズを入れて沸騰直前まで温める。

2 別の鍋にキャラメルの材料を入れて火にかける。周りが焦げついてきたら鍋を揺すりながら濃い茶色になるまで焦がし、1を少しずつ加えながら混ぜる（a）。蓋をして15分ほど蒸らし、キャラメルの香りをしっかりと出す。

3 バナナはフードプロセッサーに入れてピュレ状になるまでなめらかになるまで撹拌する。

4 ボウルに卵黄ときび砂糖を入れ、もったりとするまですり混ぜ、2のキャラメルミルクを加えて混ぜる（b）。

5 鍋に戻し入れて中火にかけ、混ぜながらとろりとするまで加熱する。すぐに氷水に当て、混ぜながらとろみがつくまで温度を下げ、3のバナナピュレを少しずつ加えて混ぜる。

6 バットに流し入れ、冷凍庫で2時間ほど冷やしたらスプーンで全体をかき混ぜる。さらに1時間ごとに2〜3回繰り返す。または一度しっかりと凍らせてからフードプロセッサーにかけると、なめらかに仕上がる。

桃のパフェ (p.48)

甘酸っぱく、爽やかなヨーグルトアイスクリームに
桃も甘さと香りを合わせたピンク色の可愛いパフェです。

●材料（1人分）

桃……1/2個　桃のコンポート（→p.82）……適量
桃のピュレ（桃のコンポートをミキサーで撹拌したもの）
……適量
ヨーグルトアイスクリーム（作りやすい分量）
　生クリーム……100ml　グラニュー糖……大さじ1
　プレーンヨーグルト……500g（軽く水きりをする）
　コンデンスミルク……100g
バニラアイスクリーム（→p.88）……1ディッシャー

●作り方

1 ヨーグルトアイスクリームを作る。ボウルに生クリームとグラニュー糖を入れ、氷水に当てながら泡立て器ですくうと、ツノが立つ状態まで泡立てる。水きりしたヨーグルト、コンデンスミルクを加えて全体を大きく混ぜる。バッドに流し入れ、冷凍庫で凍らせる。1時間ほどしたら一度大きく混ぜ、さらに凍らせる。
2 グラスに桃のピュレ、角切りにした桃のコンポートを入れる。バニラアイスクリーム、ヨーグルトアイスクリーム2ディッシャーを重ね、桃を盛りつける。

メロンのパフェ (p.49)

丸くくり抜いたメロンをたっぷりとトッピング。
ジューシーな果肉をバニラアイスとともに。

●材料（1人分）

メロン……1/4個　メロンのピュレ（→p.81）……適量
バニラアイスクリーム（→p.88）……2ディッシャー
メロンシャーベット（→p.81）……1ディッシャー
メロン（飾り用）、ホイップクリーム……各適量

●作り方

1 グラスにメロンのピュレ、角切りにしたメロンを入れる。
2 バニラアイスクリーム1ディッシャーを入れ、さらにメロンシャーベット、バニラアイス1ディッシャーを重ねて盛る。
3 丸くくり抜いたメロン、ホイップクリームを飾り、皮つきのメロンを盛りつける。

バナナキャラメルパフェ (p.50)

ほろ苦くて甘いキャラメルバナナアイスに
さらにキャラメルソースをたっぷりかけて仕上げます。

●材料（1人分）

バナナ……2本
キャラメルバナナアイスクリーム
（→p.88）……2ディッシャー
バニラアイスクリーム（→p.88）
……1ディッシャー
ホイップクリーム……適量
キャラメルソース（作りやすい分量）
　グラニュー糖……80g
　生クリーム……130ml　水……適量
バナナ（飾り用）……適量

●作り方

1 キャラメルソースを作る。鍋にグラニュー糖と水少々を入れて火にかける。周りが焦げてきたら鍋を揺すりながら濃い茶色になるまで焦がす。生クリームを加えて全体を混ぜ、冷ます。冷めたら水適量を加え、かたさを調整する。
2 グラスに1のキャラメルソース適量を入れ、角切りにしたバナナ、キャラメルバナナアイスクリーム1ディッシャーを入れる。ホイップクリーム、バニラアイスクリーム、キャラメルアイスクリーム1ディッシャーを重ねて盛り、斜め切りにしたバナナ、ホイップクリームを飾ってキャラメルソースをかける。

カスタードプリン (p.51)

卵たっぷりの蒸し焼きプリンです。
チェリーのコンポートとホイップクリームを添えて。

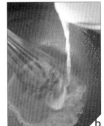

●材料（直径6～7cmのプリン型・8個分）

卵……3個
卵黄……2個
グラニュー糖……100g
牛乳……500mℓ
バニラビーンズ……1/2本
（またはバニラエキストラクト2～3滴）

キャラメル
　グラニュー糖……70g
　水……大さじ3
アメリカンチェリーのコンポー（→p.87）
……適量
ホイップクリーム……適量

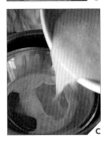

●作り方

1　型の側面にバター（分量外）を薄く塗る。

2　キャラメルを作る。鍋にグラニュー糖と水大さじ1を入れて火にかける。周りが焦げついてきたら鍋を揺すりながらキャラメル色になるまで焦がし、火を止めてすぐに水大さじ2を加えて素早く混ぜ、型の底に流す（a）。

3　ボウルに卵と卵黄を入れてほぐし、グラニュー糖を加えて混ぜる。

4　牛乳とバニラビーンズを鍋に入れて沸騰直前まで温める。

5　卵のボウルに温めた牛乳を少しずつ加えながら混ぜ（b）、バニラビーンズを取り出して漉す（c）。

6　表面の泡を取り除き、型に流し入れる。バッドにのせて型の1/3の高さまで熱湯を注ぎ（d）、120℃のオーブンで40分～50分蒸し焼きにする。表面の真ん中を指先で触ってくっついてきたらできあがり。オーブンから取り出して粗熱が取れたら冷蔵庫に入れて冷やす。

7　型から取り出して皿にのせ、アメリカンチェリーのコンポートとゆるく泡立てたホイップクリームを添える。

プリンアラモード (p.52)

もちろんカスタードプリンが主役です。
ふんだんに盛りつけたフルーツに心躍るパーラーの定番。

●材料（1人分）

カスタードプリン……1個
バニラアイスクリーム（→p.88）……1ディッシャー
好みのフルーツ……適量
ホイップクリーム……適量

●作り方

皿にカスタードプリンをのせ、バニラアイスクリーム、フルーツ、ホイップクリームを添える。

グレープフルーツアイスティー (p.54)

果汁とガムシロップを混ぜてから、
そっと紅茶を注いで涼しげな2層に仕上げます。

●材料（2人分）

紅茶の茶葉……小さじ2
熱湯……200ml
グレープフルーツ……1個
グレープフルーツ（飾り用）……適量
ガムシロップ（→p.6）……適量
氷……適量

●作り方

1 ポットに茶葉を入れ、熱湯を注ぎ、5分ほどしっかりと蒸らして濃いめの紅茶を淹れる。グレープフルーツは果汁を搾る。
2 たっぷり氷を入れた器に紅茶を注ぎ、一気にかき混ぜて冷やす。
3 グラスに氷を入れ、グレープフルーツの果汁をグラスの半量まで注ぐ。ガムシロップを加えて混ぜる。冷やした紅茶を静かに注ぎ、縁に飾り用のグレープフルーツを飾る。

ホットケーキ (p.55)

しっとりと焼き上げたホットケーキに
自家製シロップをたっぷりかけて。

●材料（作りやすい分量）

材料（7〜8枚分）
生地
　卵……2個
　上白糖……60g
　塩……ひとつまみ
　はちみつ……20g
　牛乳……140ml
　溶かしバター（無塩）……30g
　薄力粉……200g
　ベーキングパウダー……小さじ2
自家製シロップ（作りやすい分量）
　きび砂糖（またはブラウンシュガー）
　……150g
　水……100ml
バター（有塩）……適量

●作り方

1 生地を作る。ボウルに卵を割りほぐし、上白糖、塩、はちみつを加えて混ぜる。牛乳と溶かしバターを加えて混ぜ、合わせてふるった薄力粉とベーキングパウダーを加えて混ぜる。
2 ラップをかけて、冷蔵庫でひと晩休ませる（a）。時間がなければ3時間程度でも。
3 自家製シロップを作る。鍋に材料を入れて火にかける。煮立たせてきび砂糖が溶けたら火を止め、粗熱を取る。
4 フッ素樹脂加工のフライパンを油をひかずに熱し、濡れぶきんの上に置いて一度冷ます（b）。
5 お玉で生地をすくい、直径12cm程度にフライパンに流し入れ、弱めの中火にかける。表面にプップッと泡が立ってきたら（c）、裏返して裏面も30秒ほど焼く。
6 焼けたら乾いたふきんで包み（d）、残りも同様に焼き上げる。皿に盛りつけ、バターと3のシロップを添える。

a　b　c　d

いちじくのコンポート (p.56)

とろりと甘く熟したいちじくを
贅沢に丸ごとコンポートに。

●材料（作りやすい分量）
いちじく……8～10個
白ワイン……200mℓ
水……200mℓ
グラニュー糖……160g
シナモンスティック……1本
レモンの果汁……1/2個分

●作り方
1 いちじくは沸騰させた湯に10～15秒くぐらせる。氷水に取り、皮をつまんでつるんときれいにむく（写真）。
2 鍋に白ワイン、水、グラニュー糖を入れて火にかけ、アルコールを飛ばす。
3 シナモンスティック、レモンの果汁、いちじくを加えてペーパータオルで落とし蓋をし、弱火で10分ほどやさしく煮る。そのまま粗熱を取り、冷蔵庫でしっかりと冷やす。

いちじくソーダ (p.57)

ほんのり色づいたいちじくのシロップは
炭酸水で割っただけでもおいしい。

●材料（2人分）
いちじくのコンポートの
シロップ……80mℓ
氷……適量
炭酸水……150mℓ
ガムシロップ（→p.6）……適宜

●作り方
グラスにいちじくのコンポートのシロップ、氷を入れて炭酸水を注ぐ。味を見て、ガムシロップを加えて混ぜる。

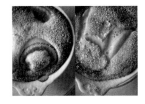

フルーツグラタン (p.58)

フルーツグラタンにはねっとり甘いフルーツが合います。
バナナや、キウイフルーツ、桃などでも。

●材料（2人分）
卵黄……4個
きび砂糖……70g
薄力粉……20g
白ワイン……大さじ2
マディラ酒……小さじ2
バニラビーンズ……1/4本
生クリーム……150mℓ
好みのフルーツ（いちじく、洋梨など）
……適量
グラニュー糖、粉砂糖……各適量

●作り方
1 ボウルに卵黄を入れてほぐし、きび砂糖を加えて湯煎にかけながら、もったりとするまで混ぜる。
2 ふるった薄力粉を加えて混ぜ、白ワイン、マディラ酒、バニラビーンズの種をしごいて加え、さらにもったりするまで混ぜる。
3 別のボウルに生クリームを入れ、氷水に当てる。泡立て器ですくうと、ゆるゆると流れ落ちる状態まで泡立て、2に加えて混ぜる。
4 耐熱皿に3を流し入れ、食べやすく薄く切ったフルーツを並べる。
5 グラニュー糖適量をふり、200℃のオーブンで15分ほど焦げ目がつくまで焼く。仕上げに粉砂糖をふる。

レモンカード (p.60)

甘酸っぱいレモンカードは手作りならではのおいしさ。
タルトのフィリングにも、生クリームと合わせても。

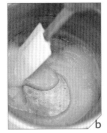

● 材料（作りやすい分量）

レモンの果汁……1個分（30〜40mℓ）　　グラニュー糖……50g

卵……1個　　　　　　　　　　　　　　　バター（無塩）……50g

● 作り方

1 バターは1cm角に切り、室温に戻しておく。

2 ボウルに卵を割り入れてよく溶きほぐし、ザルで漉して鍋に移す。

3 グラニュー糖、レモンの果汁を加え（a）、火にかける。

4 軽くとろみが出るまで混ぜながら加熱し（b）、火を止めてバターを加えて混ぜる（c）。
火から下ろしてそのまま冷まし、煮沸消毒した瓶に入れる。冷蔵庫で保存し、3〜4
日で食べ切る。

リリコイバター (p.60)

南国のフルーツ、パッションフルーツで作る
バターは爽やかな酸味と上品な甘い香り。

● 材料（作りやすい分量）

パッションフルーツ……1個

卵……1個

グラニュー糖……50g

バター（無塩）……50g

● 作り方

1 バターは1cm角に切り、室温に戻しておく。

2 パッションフルーツは半分に切り、中の果肉と果
汁、種をくり抜いておく。

3 ボウルに卵を割り入れてよく溶きほぐし、ザルで
漉して鍋に移す。

4 グラニュー糖と2を加え、火にかける。

5 軽くとろみが出るまで混ぜながら加熱し、火を止
めてバターを加えて混ぜる。火から下ろしてその
まま冷まし、煮沸消毒した瓶に入れる。冷蔵庫で
保存し、3〜4日で食べ切る。

グレープフルーツバター (p.60)

レモンカードよりもやさしい酸味。
少しほろ苦く、大人のバターです。

● 材料（作りやすい分量）

グレープフルーツの果汁……1個分（30〜40mℓ）

卵……1個

グラニュー糖……50g

バター（無塩）……50g

● 作り方

1 バターは1cm角に切り、室温に戻しておく。

2 ボウルに卵を割り入れてよく溶きほぐし、ザルで
漉して鍋に移す。

3 グラニュー糖、グレープフルーツの果汁を加え、
火にかける。

4 軽くとろみが出るまで混ぜながら加熱し、火を止
めてバターを加えて混ぜる。火から下ろしてその
まま冷まし、煮沸消毒した瓶に入れる。冷蔵庫で
保存し、3〜4日で食べ切る。

ヴィクトリアケーキ (p.62)

バターが香るしっとりスポンジケーキに
甘酸っぱいレモンカードとホイップクリームをたっぷり挟んで。

●材料（直径15cmの丸型・1台分）

バター（無塩）……150g
卵……3個（正味150g）
粉砂糖……150g
薄力粉……150g
ベーキングパウダー
……小さじ1と1/3
生クリーム……150mℓ
レモンカード（→p.93）……適量
レモンスライス（飾り用）……1枚
粉砂糖（飾り用）……適量

●作り方

1 バターは室温に戻す。型の内側に薄くバター（分量外）を塗り、冷蔵庫で冷やしておく。冷えたら強力粉（なければ薄力粉、分量外）をまぶして余分な粉を落とす。

2 室温に戻したバターをボウルに入れる。粉砂糖を加えて泡立て器で白くふんわりとするまでしっかりとすり混ぜる (a)。

3 よく溶きほぐした卵を少しずつ加え (b)、その都度しっかりと混ぜる。

4 合わせてふるった薄力粉とベーキングパウダーを加え、ゴムベラでさっくりとムラのないように混ぜる。

5 型に生地を流し入れて表面をならす (c)。

6 180℃のオーブンで25分ほど焼く。焼き上がって数分したら型から外し、ケーキクーラーの上で冷ます (d)。

7 生クリームは氷水に当てながら泡立て器ですくうと、ツノが立つ状態まで泡立てる。

8 ケーキが冷めたら横半分に切る。下半分にレモンカードをたっぷりと塗り、7のホイップクリームを重ね (e)、上半分のケーキを重ねる。

9 飾り用のレモンスライスをのせ、粉砂糖をたっぷりとふる。

 a
 b
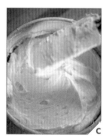 c
 d
 e

レモンカスタード
サンドイッチ (p.64)

レモンの香り豊かなカスタードクリーム。
甘酸っぱく、初夏のデザートにもぴったりです。

●材料（2人分）

食パン（8枚切り）……4枚

レモンカスタードクリーム（作りやすい分量）

　レモンの皮（国産）……1個分
　牛乳……400㎖
　バニラビーンズ……1/2本
　卵黄……4個
　グラニュー糖……100g
　薄力粉……40g（ふるっておく）
　バター（無塩）……20g（室温に戻しておく）
　レモンの果汁……大さじ3

レモンピール（飾り用）……適量

●作り方

1 レモンカスタードクリームを作る。鍋にレモンの皮、牛乳、バニラビーンズを入れて火にかけ、沸騰直前で火を止める。

2 ボウルで卵黄、グラニュー糖を混ぜ、薄力粉を加えてさらに混ぜる。1も加えて混ぜ、ザルで漉して鍋に戻し入れる。バニラビーンズも種をしごいて加えて混ぜる。

3 鍋を火にかけ、混ぜながらフツフツと煮立ってとろみがつき、ツヤが出てきたら (a)、バットに流し入れる (b)。ラップをぴったりと被せ (c)、粗熱を取る。

4 3をボウルに移してバターとレモンの果汁を加えて混ぜる。その後冷蔵庫で冷やす。

5 食パン2枚に4のクリームをたっぷりと塗り、残りの食パンをのせて軽く押さえる。ラップでしっかりと包み、冷蔵庫で30分ほど落ち着かせる。耳を切り落として好みの形に切り分ける。皿に盛りつけ、飾り用のレモンピールを飾る。

フルーツティー (p.64)

フルーツの甘みと香りで、リラックスできるお茶。
アッサムやアールグレイなど、お好みの茶葉でどうぞ。

●材料（2人分）

りんご……1/4個　　茶葉（アッサムティーなど）
洋梨……1/8個　　　……小さじ3
オレンジ……1/2個　熱湯……400㎖
ぶどう……適量

●作り方

1 りんごは皮つきのいちょう切り、洋梨は小さく切り、オレンジは輪切りにする。ぶどうは皮つきのまま半分に切る。

2 ポットを熱湯で温めてから茶葉を入れ、熱湯を注ぐ。3〜4分しっかりと濃いめに抽出しておく。

3 別に温めたポットに1のフルーツを入れ、2の紅茶を注ぐ。

フルーツタルト (p.66)

サクサクの生地にカスタード、そして旬のフルーツ。
いろんな食感、甘さ、香りが重なる至福のデザートです。

●材料（直径18cmのタルト型・1台分）

パータブリゼ

（直径18cmのタルト型・2台分）

- バター（無塩）……100g
- 強力粉……100g
- 薄力粉……100g
- グラニュー糖……10g
- 塩……3g
- 卵黄……1個
- 冷水……50〜60mℓ

クレームダマンド

- バター（無塩）
  ……40g（室温に戻しておく）
- サワークリーム……10g
- グラニュー糖……40g
- 卵……1個
- アーモンドプードル……50g
- リキュール（使用するフルーツに
  合わせた好みのもの）……小さじ2

カスタードクリーム

- 牛乳……500mℓ
- バニラビーンズ……1/2本
- 卵黄……6個
- グラニュー糖……150g
- 薄力粉……50g（ふるっておく）
- バター（無塩）
  ……30g（室温に戻しておく）
- コアントロー……小さじ2

季節のフルーツ※

- 洋梨……1個
- 柿……1/2個
- いちじく……3〜4個
- ぶどう……10〜15粒

※洋梨と柿は皮をむいて縦に薄切りにする。
いちじくとぶどうは皮つきのまま食べやす
く切る。

●作り方

1 パータブリゼを作る。バターは2cm角に切り、冷やしておく。フードプロセッサーに強力粉、薄力粉、グラニュー糖、塩を入れ、一度軽く撹拌する。バターを加えてサラサラの状態まで撹拌する。

2 卵黄と冷水を混ぜ、生地全体がまとまるまで数回に分けて加えながら撹拌し、ラップで包んで冷蔵庫で1時間ほど休ませる。

3 クレームダマンドを作る。ボウルにバター、サワークリーム、グラニュー糖を入れてすり混ぜる。溶いた卵を2〜3回に分けて加える。アーモンドプードル、リキュールを加えてさらに混ぜる。

4 カスタードクリームを作る。鍋に牛乳とバニラビーンズを入れて火にかけ、沸騰直前で火を止める。

5 ボウルに卵黄とグラニュー糖を入れてすり混ぜ、薄力粉を加えて混ぜる。4を加えてさらに混ぜ、ザルで漉して鍋に戻し入れる。バニラビーンズは取っておく。

6 5を強めの中火にかけ、混ぜながらフツフツと煮立ってとろみがつき、ツヤが出てきたら、5のバニラビーンズの種をしごいて加えて混ぜる。バットに流し入れてラップをぴったりと被せ、粗熱を取る。粗熱が取れたらボウルに移し、バターとコアントローを加えて混ぜる。その後しっかりと冷蔵庫で冷やす。

7 組み立てる。休ませた2の生地を打ち粉をした台にのせ、均一に5mm厚さにのばす。のばした生地を麺棒に巻きつけてバター（分量外）を内側に塗った型の上に広げ、指先で型の底まで敷き込む。指先で型の側面を押さえながら余分な生地は切り落とし、縁を立たせるように整える。底にフォークでところどころ穴を開け、重しをして190℃のオーブンで15分ほど空焼きをして粗熱を取る。

8 クレームダマンドを絞り出し袋に入れて7の型に薄めに絞り出し（a）、180℃のオーブンで20〜30分焼く。焼き上がったら完全に冷まます（b）。

9 続いてカスタードクリームを8の上に絞り出し（c）、形よく切った季節のフルーツを飾る。

バナナタルト (p.67)

カスタードクリームにラム酒を効かせ、
バナナをたっぷりのせてパーラーらしいタルトに。

●材料（直径18cmのタルト型・1台分）
パータブリゼ、クレームダマンド、
カスタードクリーム
（コアントローの代わりにラム酒を使う）、
→フルーツタルト参照
バナナ……2～3本
粉糖……適量

●作り方
フルーツタルト同様に作り、筋を取って1.5cm幅の輪切りに
したバナナを飾る。仕上げに粉糖をふる。

焼きりんご (p68)

白ワインの香りをりんごに移しながら蒸し焼きに。
レーズンバターをたっぷり詰めて、しっとり焼き上げます。

●材料（4個分）
りんご（紅玉）……4個
バター（無塩）
……60g（室温に戻しておく）
きび砂糖……60g
レーズン……40g
シナモン……小さじ1/2
白ワイン……適量
バニラアイスクリーム（→p.88）
……適量
カルバドス……適宜

●作り方
1 ボウルにバター、きび砂糖を入れてよくすり混ぜる。レーズ
ン、シナモンを加えてさらに混ぜる。
2 りんごはよく洗って、底に穴をあけないように芯を抜き（a）、
1のバターをくり抜いた芯の部分にたっぷりと詰める。
3 アルミホイルを2重にしてりんごの下半分を覆う。天板に並
べ、白ワイン小さじ2程度をそれぞれにふる（b）。天板には
水と白ワインを200mlずつ注ぎ（c）、180℃のオーブンで30
～40分蒸し焼きにする。
4 焼きりんごが温かいうちにバニラアイスクリームをのせ、好
みでカルバドス、シナモン少々（分量外）をふる。

a b c

タルトタタン (p.70)

甘酸っぱいりんごがぎっしり詰まった贅沢タルトタタン。
キャラメルの風味がたっぷり楽しめます。

● 材料（直径18cmの丸型・1台分）

りんご（紅玉など）……10個〜12個

りんご煮るためのもの

| レモンの果汁……1/2個分
| グラニュー糖……120g
| 水……100㎖

キャラメルA

| グラニュー糖……120g
| 水……大さじ2

バター（無塩）……80g

（薄く切り、室温に戻しておく）

グラニュー糖……大さじ1

キャラメルB

| グラニュー糖……100g
| 水……大さじ1

ホイップクリーム

| 生クリーム……200㎖
| グラニュー糖……大さじ2
| カルバドス……大さじ1

パータブリゼ（作りやすい分量）

| バター（無塩）……100g
| 強力粉……100g
| 薄力粉……100g
| グラニュー糖……10g
| 塩……3g
| 卵黄……1個
| 冷水……50〜60㎖

● 作り方

1 パータブリゼを作る。バターは2cm角に切り、冷やしておく。フードプロセッサーに強力粉、薄力粉、グラニュー糖、塩を入れ、一度軽く撹拌する。バターを加えてサラサラの状態まで撹拌する。

2 卵黄と冷水を混ぜ、生地全体がまとまるまで数回に分けて加えながら撹拌し、ラップで包んで冷蔵庫で1時間ほど休ませる。

3 休ませた2の生地を打ち粉をした台にのせ、直径20cm程度の丸形にのばし、冷凍庫でしっかりと冷やしておく。

4 りんごは皮をむいて4等分のくし形切りにし、芯を取って鍋に入れる（a）。りんごを煮る材料を加え、りんごの表面がうっすらと透明になるまで軽く火を通す。

5 別の鍋にキャラメルAの材料を入れ、火にかける。周りが焦げついてきたら鍋を揺すりながら濃い茶色になるまで焦がし、型に流し入れる。

6 粗熱が取れたら、室温に戻したバターをスプーンの背で広げ（b）、グラニュー糖を全体にふる（c）。

7 6に煮たりんごを立てて並べ（d）、真ん中にもぎっしりと詰める（e）。焼いたら沈むので、少し山盛りになっていてもよい。鍋の煮汁は取っておく。

8 天板にのせ、180℃のオーブンで1時間ほど焼く。

途中何度か木ベラでりんごを押しつけながら焼く（f）。

9 鍋にキャラメルBの材料を入れ、火にかけて周りが焦げついてきたら鍋を揺すりながら濃い茶色になるまで焦がし、オーブンから一度取り出した8に加える（g）。さらに30分ほど焼き、オーブンから出してしっかりと粗熱を取る。

10 3の生地を型より少し大きめに切り（h）、フォークで全体に穴を開ける（i）。

11 10を9の上にぴったりと被せる（j）。200℃のオーブンで15〜20分、生地全体にこんがりと焼き色がつくまで焼く。オーブンから取り出して粗熱を取り、冷蔵庫でひと晩しっかりと冷やす。

12 しっかりと冷え、タルト生地とりんごがなじんだら熱湯にさっとつけ（または型ごと直火にさっと当て）、皿を被せてひっくり返して型から外す（k）。取っておいたりんごの煮汁を軽く温め、表面に塗る（l）。

13 ボウルにホイップクリームの材料を入れ、氷水に当てながら、ツノが立たない程度にやわらかく泡立てる。

14 皿にタルトタタンを切り分けてのせ、ホイップクリームを添える。

坂田阿希子　Akiko Sakata

料理家。菓子研究家。フランス菓子、フランス料理店などで経験を重ねたのち、独立。2019 年には東京、代官山に「洋食 KUCHIBUE」をオープンし、日々厨房でも腕をふるう。母の実家が果物屋を営む関係で、幼少時から毎日のおやつに果物のお菓子が並んだという。『SPOON 坂田阿希子の料理教室』『バゲットが残ったら』『チョコレートのお菓子』（グラフィック社）、『CAKES』（NHK 出版）など著書多数。また同店で定期的に料理教室を開催しており、好評を博している。大の猫好き。そして果物好き。　https://kuchibue.tokyo

サカタフルーツパーラー

フルーツを楽しむ 56 のレシピ

撮影　日置武晴
スタイリング　佐々木カナコ
デザイン　関 宙明（mr.universe）
編集　小池洋子（グラフィック社）

2021 年 4 月 25 日　初版第 1 刷発行
著　者　坂田阿希子
発行者　長瀬 聡
発行所　株式会社グラフィック社
　　　　〒 102 - 0073
　　　　東京都千代田区九段北 1 · 14 · 17
　　　　tel.03 · 3263 · 4318（代表）　03 · 3263 · 4579（編集）
　　　　郵便振替　00130 · 6 · 114345
　　　　http://www.graphicsha.co.jp
印刷・製本　図書印刷株式会社

9784766135015

1922077016007

ISBN978-4-7661-3501-5
C2077 ¥1600E

定価：本体 1600 円（税別）
グラフィック社

客注

書店CD：187280　24
コメント：2077

受注日付：241216
受注No：093705
ＩＳＢＮ：9784766135015
　　　　1／1
51　ココからはがしてください

今井亮

京都府京丹後市の大自然に開まれた地に生まれる。中華料理をはじめ、家庭料理を得意とする料理家。高校を卒業後、京都市市内の老舗中華料理店で修業を積み、東京へ。フードコーディネーター学校を卒業後、料理家のアシスタントなどを経て、独立。身近な食材でも小ワザを効かせ、お店の味を気兼ねなく作れるレシピは男女問わず幅広い年代から支持を得ている。雑誌、書籍、テレビなどで盛調に活動中。1女の父としても家事、育児に奮闘。近著に『野菜で中華』(秋天堂出版)『炒めない炒めもの』(主婦と生活社)『ごちそううち中華』(学研プラス)など。

季節で味わう、
家庭で楽しむ。

旬中華

今井亮

季節で味わう、家庭で楽しむ。

旬中華

今井亮